ỤGBỌELU

The Aeroplane

Scribble City Publications

First paperback edition printed 2020 in the United Kingdom A catalogue record for this book is available from the British Library.
ISBN 978-1-913455-15-6

Published by Scribblecity Publications.
Printed in Great Britain

Illustrated by Omerbia Aja-Nwachuku

Ụgbọelu na-efe n'elu dịka aha ya siri di.

The aeroplane flies in the air just as its name says.

Ụgbọelu dị ka nnukwu nnụnụ.
Ọ na-enwe nku dịka nnụnụ.

The aeroplane looks like a big bird.
It has wings like a bird.

Ụgbọelu nwekwara afọ dịka nnụnụ. A na-akpọ afọ ya kabịn. Na kabịn ka ndi njem na-anọ.

The aeroplane has a belly like a bird. The belly is called the cabin. The passengers sit in the cabin.

A na enwe oche n’ahịrị n'ahịrị na kabịn ụgbọelu.
Ọ bụ ebea ka ndi njem na-anọdụ ọdụ wee ruo ebe ha na-eje.

The seats are arranged in rows in the cabin of the aeroplane.
The passengers sit on the seats till they get to their destination.

Enwere ụgbọelu ukwu nwekwaa nke nta. Nke nta na-ebu nanị mmadụ abụọ. Ụfọdụ ndi ukwu na-ebu ihe karịrị narị mmadụ atọ.

There are big and small aeroplanes. The small ones have space for only two people. Some big aeroplanes carry more than three hundred people.

Ụfọdụ ụgbọelu na-ama jijiji mgbe ha na-agafe n'urukpu. Ịma jijiji ụgbọelu na-atụ ụfọdụ ndi njem egwu, ọkachasị ndi obi mmiri.

Sometimes aeroplanes shake when passing through the clouds. Some passengers can find it frightening, especially the nervous ones.

Ụgbọelu chọwa ifepu ọ na-eme nnukwu ụzụ, bịakwa bute nnukwu ufufe. Ọ na-agba ezigbo ọsọ n'ala tupu ya efelie elu. Ụgbọelu nwere ụkwụ atọ. Otu n'ihu, abụọ n'azụ. Ana akpọ ụkwụ ugboelu gia nlọdat

The aeroplane makes a loud noise and blasts a gust of wind when it is preparing to take off. It taxis on the runway before it takes off into the air. The aeroplane has three wheels, one in front and two behind. The wheels are called the landing gear.

Ụfọdụ ụgbọelu felie, gia nlọdata ha na-abanye n'ime okpuru afọ ha. Nwa obere oge ụgbọelu ahụ feliri, ọ banye n'urukpu.

When some aeroplanes start to fly, the landing gear goes back into the belly. After flying a little while, the aeroplane flies into the clouds.

Anaghị ahụkwa ụgbọelu ahụ anya ọzọ ruo mgbe o ruru ebe ọ na-eje, bidozie ifeda ala.

The aeroplane disappears into the clouds until it gets to its destination and begins to land.

Ụfọdụ ụgbọelu na-efedata, gia nlọdata ha na-esikwa n'afọ ha apụta. Nkea na-ebute nnukwu ụzụ maka ụgbọelu ahụ na-akwado ịkwụsị.

When some aeroplanes are landing, their landing gears come out from underneath. This causes a lot of noise as it slows the aeroplane down.

Ụgbọelu ahụ na-agbakwa nwa obere ọsọ tụpụ ọ kwụsịchaa kpam kpam.

The aeroplane then slows down before making a final stop.

Enwere ọdụ ụgbọelu na obodo ndi mepere emepe, ọkachasị n'isiobodo ọbụla. N'ọdụ ụgbọelu ka nnukwu ụgbọelu na-esi efepụ ma na-efebata.

There are airports in big cities, especially in every capital city. The airport is where big aeroplanes land and take off from.

www.ingramcontent.com/pod-product-compliance
Ingram Content Group UK Ltd.
Pitfield, Milton Keynes, MK11 3LW, UK
UKHW051121300826
14795UKWH00023B/644

9 781913 455156